DEUXIÈME LETTRE

SUR LA GUÉRISON

DE LA SURDI-MUTITÉ,

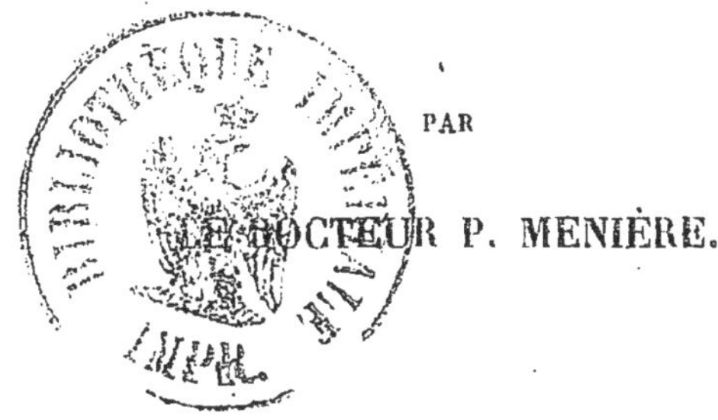

PAR

LE DOCTEUR P. MENIÈRE.

PARIS

TYPOGRAPHIE PANCKOUCKE

RUE DES POITEVINS, 8 ET 14

1853

DEUXIÈME LETTRE

SUR LA GUÉRISON

DE LA SURDI-MUTITÉ.

A M. LE PROFESSEUR BÉRARD,

Président de l'Académie impériale de médecine.

Monsieur le président (1),

A mesure que s'étend et se complique le débat soulevé
par le rapport de M. le professeur Piorry sur la surdi-
mutité, je comprends mieux les difficultés que l'Académie
doit rencontrer dans la solution de ce problème. Un sujet
d'études qui m'est familier parce que, depuis quinze ans,
je m'en occupe toujours, ne peut devenir, quelque effort
qu'on fasse, chose claire et facile pour ceux qui l'envi-

____

(1) Cette lettre, déposée sur le bureau au commencement de la
séance du 31 mai, a été renvoyée à la commission de la Surdi-Mutité.

sageat pour la première fois, en quelque sorte à l'improviste, et sous la direction passionnée d'esprits ardents qui, cédant à des impressions nouvelles, se font de prime abord des convictions qu'un second coup d'œil ne manquerait pas de modifier, sinon de détruire. Il me serait difficile d'exprimer l'étonnement profond que j'ai ressenti à la démonstration de cette expérience si facilement acquise, à l'audition de ces jugements si absolus sur des matières d'enseignement pratique pleines d'obscurités pour des maîtres vieillis dans l'exercice de ces fonctions laborieuses. Plus j'écoute les orateurs qui soutiennent le rapport de M. Piorry, plus je cherche à me rendre compte de cet immense déploiement d'éloquence en faveur de l'œuvre de la commission et moins je puis comprendre ce zèle excessif d'hommes tout à fait étrangers à une matière qui, de leur propre aveu, n'a attiré leurs regards que depuis la séance du 12 avril dernier.

Certes, il ne m'appartient pas de me poser en instituteur de ces maîtres, mes procédés lents et méthodiques n'iraient pas à leur bouillante ardeur ; ils ont du premier jet dépassé de bien loin leurs devanciers dans cette carrière. Laissons-leur le temps de douter, le doute est le plus clair bénéfice de la réflexion tardive et prudente, c'est le doute qui remplace à la longue les témérités de l'affirmation et qui donne à la science, comme aux décisions académiques, l'autorité des choses légitimement acquises.

J'avais cru, dans ma lettre du 3 mai, fournir à l'Académie des arguments en faveur de ce qui se fait à l'Institut impérial des sourds-muets de Paris. Bien que je n'eusse reçu mission de personne, je parlais au nom des professeurs de cet établissement modèle ; j'exposais leur sentiment unanime sur la meilleure manière de procéder à l'éducation de la masse des sourds-muets, et, en agissant ainsi, il me semblait édifier suffisamment l'illustre compagnie. La suite m'a prouvé que ma démonstration n'avait pas tout à fait atteint le but : violemment attaqués par nos adversaires, on a prétendu que nos meilleurs professeurs, partisans d'une déplorable routine, perdaient leur temps à propager la *mimique* et privaient leurs élèves d'une éducation mille fois préférable. On a voulu prouver bien d'autres choses encore, mais ce point suffit à la gloire des novateurs. Permettez-moi d'examiner ce qu'il y a de fondé dans une telle manière de voir.

Médecin et ne m'occupant que de médecine, je crois devoir restreindre ce débat à des proportions bien moins vastes que celles qu'on lui a données ; je veux surtout rechercher en quoi la médecine proprement dite peut intervenir utilement dans la solution de ce problème ; je veux, enfin, apprécier la part que l'on attribue à M. le docteur Blanchet dans l'affaire qui est soumise au jugement de l'Académie.

Etablissons d'abord les faits. Vers le milieu de l'an 1847, M. Blanchet s'avise de traiter quelques maladies d'oreilles observées chez des individus affectés de lésions oculaires ; des motifs tout particuliers poussent ce médecin dans cette voie nouvelle pour lui, l'ophthalmologie cède le pas aux affections de l'oreille, et, pour donner plus d'éclat et de développement à ses tentatives, il se fait autoriser à traiter quelques sourds-muets de l'institution de la rue Saint-Jacques. Ces enfants, choisis parmi ceux qui entendaient les bruits et pouvaient parler encore, furent aussitôt montrés comme spécimen d'une *méthode curative* particulière à l'auteur ; les bureaux du ministère de l'intérieur acceptent cette dénomination, la patronnent dans leur correspondance officielle, et bientôt M. Blanchet est revêtu du titre de chirurgien de l'Institut des sourds-muets spécialement chargé de la guérison de la surdi-mutité.

Le but était atteint. Depuis 1848, qu'a fait M. Blanchet à l'institution ? Quel traitement chirurgical a été administré aux élèves sourds-muets ? Quel résultat a-t-il obtenu par l'application de sa méthode curative de la surdi-mutité ? Cinq années se sont écoulées depuis son entrée en exercice. Je me suis enquis avec un grand soin des moyens mis en usage pour guérir les enfants dont ce médecin s'occupait plus particulièrement ; j'ai vérifié les succès annoncés, et, de toutes ces recherches, faites scrupuleusement, j'ai retiré la conviction que le résultat était nul. Jamais il n'a été question, de la part de M. Blanchet, d'un traitement chirurgical quelconque ; jamais il n'a rien fait qui pût avoir de l'influence sur la surdi-mutité : un polype du méat externe, une otorrhée chronique traités mais non guéris n'étaient que des épiphénomènes insignifiants chez des sourds muets, et les soins dont ils ont été l'objet n'ont rien changé à l'état d'infirmité de ces pauvres enfants ; en un mot, le chirurgien qui devait traiter et guérir les sourds-muets par sa méthode n'a ni traité ni guéri les élèves dont il s'était chargé.

Et cependant ces élèves étaient justement ceux qui avaient perdu l'ouïe à une époque plus avancée, ceux qui étaient devenus plus ou moins sourds à l'âge de cinq, six, sept , huit et même neuf ans, ceux qui, ayant bien parlé jusqu'à ces différents âges, conservaient la faculté de parler, possédaient la mimique de la parole et se trouvaient dans les conditions les plus heureuses pour continuer leurs relations orales avec tout le monde. Ces enfants n'ont point été traités, la chirurgie pas plus que la médecine n'ont fourni aucun élément de guérison ou même d'amélioration ; M. Blanchet s'est contenté de leur faire entendre les sons de l'orgue, exclusivement, perpétuellement , sans même recourir à son fameux acoumètre, sans se préoccuper du nombre des vibrations perçues par tel ou tel élève, sans choisir parmi eux ceux qui entendaient le mieux ; M. Blanchet a institué à leur usage une classe d'orgue expressif, il a transformé son infirmerie en une succursale du Conservatoire: la musique a été le seul moyen de réveiller la sensibilité des oreilles de nos enfants, le chant leur a été prodigué, et, depuis cinq ans, toute la maison assiste à cette cacophonie que l'on voudrait faire passer pour une méthode curative.

Tout le monde sait dans l'institution de la rue Saint-Jacques que les élèves choisis par M. Blanchet sont soumis au son de l'orgue sous la direction d'un jeune musicien qui joue de cet instrument cinq fois par semaine., pendant une heure; tout le monde sait que ces enfants s'efforcent de crier en présence de cet accompagnateur ; mais on sait aussi que là se bornent les soins dont ils sont l'objet. L'action du chirurgien est nulle, absolument nulle, et quoi qu'on ait pu dire, il n'est résulté de cet exercice musical aucun changement dans la condition d'infirmité de ces malheureux enfants.

Ainsi, médicalement parlant, la méthode curative de la surdi-mutité inventée par M. Blanchet consiste dans l'excitation de l'appareil acoustique à l'aide d'un orgue *melodium*, rien de plus rien de moins; cette assertion est de la plus rigoureuse exactitude. Voilà le fait sur lequel l'Académie est appelée à donner son avis; c'est sur cette intervention de la musique dans la cure de la surdi-mutité que le ministre de l'intérieur demande l'avis d'un corps savant qui vient de consacrer six séances. à la discussion du rapport rédigé par M. Piorry. Ce rapport approuve l'invention, dit qu'elle constitue un progrès réel dans le traitement de la surdi-mutité, et qu'elle doit servir de base à un nouveau mode d'instruction des enfants privés de l'ouïe.

Je ne prétends pas critiquer ce rapport, établir par une discussion approfondie la valeur réelle des faits qui ont servi de base aux convictions des membres composant la commission nommée par l'Académie; cette tâche ne m'appartient pas; qu'on me permette seulement quelques réflexions sur les parties accessoires d'un travail de ce genre.

Rien n'est plus difficile que de connaître exactement le degré de surdité d'un sourd-muet. Tous les acoumètres du monde ne pourraient servir à donner une idée exacte de l'état physique des oreilles d'un enfant sourd-muet. Il faut l'étudier longtemps, vivre avec lui, renouveler cent fois les tentatives à l'aide desquelles on cherche à solliciter son ouïe; il faut varier ces expériences, essayer un grand nombre d'instruments ; il faut apprendre à distinguer les perceptions vraiment auditives de celles qui ne sont qu'un ébranlement de la tête ou du corps, une secousse imprimée à l'individu tout entier, et que le sourd-muet n'est pas le seul à confondre. Ces vibrations qui se propagent à tout son corps lui semblent un son dont il se vante ; le spectateur non prévenu croit qu'il y a audition lorsqu'il ne s'agit que d'un mouvement de totalité, et de là des erreurs considérables dans le classement de ces sourds-muets. Si l'on regarde comme un sourd-muet complet celui qui n'entend pas la voix aujourd'hui, qui n'est ému que par un son éclatant, on pourra se tromper beaucoup, car, après quelques jours d'un semblable travail , un son beaucoup moins fort sera mieux perçu, et ce simple résultat de l'exercice serait faussement attribué à un traitement médical. J'ai vu, tout le monde a vu comme moi que les enfants sourds-muets acquièrent promptement une certaine habitude de ces impressions, et c'est précisément de ce fait banal, élémentaire, que se servent tous les guérisseurs de sourds-muets pour exalter le mérite de leur prétendu traitement.

Une commission de médecins des plus éclairés peut-elle tomber dans cette erreur facile? peut-elle se tromper sur le point de départ des expériences faites sous ses yeux? peut-elle attribuer au moyen de traitement, quel qu'il soit, le prétendu succès qu'on lui montre? et dans une œuvre pareille, ne se trouve-t-il pas un grand nombre de difficultés dont elle ne s'avisera pas de tenir compte? Loin de moi la pensée de mettre en doute les lumières et l'indépendance des hommes honorables qui ont accepté la mission de suivre les expériences du docteur Blanchet; mais je puis dire, sans manquer au respect que je professe pour chacun d'eux, que pareille enquête pèche par la base, que le point de départ n'a pas été suffisamment établi, que les enfants choisis pour cette épreuve ne se trouvent pas dans les conditions d'isolement nécessaires pour rendre la preuve évidente, qu'ils ont été reçus dans la classe d'articulation de la maison, qu'ils ont profité des leçons communes, et que, par conséquent, ils ne doivent pas ce qu'ils possèdent aujourd'hui d'instruction à la seule méthode curative du docteur Blanchet.

Disons encore une fois que l'*acoumètre* tant vanté n'a jamais été mis en usage pour déterminer le degré de surdité de nos élèves, que M. Blanchet admet dans sa classe ceux qui lui paraissent avoir conservé le plus de facilité à parler, et que c'est en quelque sorte sur la notoriété de la maison qu'il se dirige pour admettre à ses exercices musicaux ceux qui ont le mieux et le plus longtemps entendu.

J'ajouterai que, comme nous, M. Blanchet se sert du langage mimique pour se faire comprendre de ses élèves ; que leur instruction se fait uniquement par cette voie ; que les meilleures impressions auditives de ceux qui entendent le mieux ont toujours besoin d'être commentées, expliquées, traduites en signes; que jamais les sourds entendants et parlants n'arrivent à ce degré d'audition qui est nécessaire pour comprendre une phrase et pour en dire une; car alors, s'ils possédaient ce double talent, ils cesseraient d'appartenir à la classe spéciale d'infirmes qui ont besoin de notre institution. Et c'est précisément ce qui n'est jamais arrivé jusqu'ici.

Je crois pouvoir dire que la médecine n'a eu aucune part dans ce qui a été fait depuis cinq ans à l'institut de la rue Saint-Jacques pour la guérison des sourds-muets; que l'amélioration de l'ouïe signalée chez un certain nombre d'élèves ne tient qu'à l'habitude contractée par eux d'entendre certains sons ; mais que ce progrès du sens affaibli n'a jamais atteint la limite nécessaire pour constituer un *entendant ordinaire*. J'ajoute que ces améliorations si bornées s'obtiennent par tous les moyens capables de produire des sons plus ou moins forts ; que l'orgue, pas plus que l'acoumètre, ne jouissent de propriétés spécifiques, et que les restes d'audition qui existent encore chez les sourds-muets ne gagnent rien à ces ébranlements si vantés.

Un instrument gradué avec précision, l'acoumètre de

M. Blanchet, par exemple, peut-il être de quelque utilité dans une maison comme la nôtre ? Cette question m'a été adressée par des personnes cherchant sincèrement à s'éclairer, voulant le progrès en toutes choses, dans de justes limites, s'occupant, avant tout, de l'utilité d'un fait, du parti qu'on en peut tirer. Je vais essayer d'y répondre.

Croit-on qu'il arrive souvent, parmi les élèves reçus à l'institution, des enfants entendant assez bien pour conserver avec les entendants ordinaires les rapports qui constituent l'état naturel de l'homme ? S'imagine-t-on qu'il se glisse chez nous, à l'insu des parents et des maîtres, des faux sourds-muets qui viendraient usurper la place de ceux qui le sont réellement, ou bien que, par incurie, malveillance ou toute autre cause, notre personnel comporte des individus entendants à qui l'on infligerait en quelque sorte une *suppression d'état,* comme celle qui résulterait de leur présence forcée au milieu des vrais sourds-muets? Une pareille anomalie parmi nos élèves ne durerait pas une heure. L'enfant entendant, s'il n'est pas idiot, dirait aussitôt qu'il entend, il répondrait à une question mimée par une phrase demandant l'explication de ce signe qu'il ne comprend pas et dont il n'a pas besoin, il protesterait contre cette sorte de *séquestration morale*, et serait bientôt rendu à sa famille.

Nos sourds-muets assemblés sont soumis à certaines pratiques, les mêmes pour tous. Par exemple, on les réveille au moyen du tambour ; ils sont affectés de différentes manières par ce son : les uns l'entendent, les autres, et c'est le plus grand nombre, sont ébranlés par ce roulement énergique ; mais aucun d'eux ne s'éveillerait si le surveillant se contentait de l'appeler par son nom. Un sourd-muet qui s'entendrait appeler, qui obéirait à un ordre, qui répondrait à une question, ne serait plus un sourd-muet; son ouïe, bien que faible, lui permettrait de communiquer avec ses semblables, et sa place serait partout ailleurs que chez nous. La cloche mise en branle par le concierge de l'institution est véritablement entendue par quelques-uns de nos enfants, mais là se bornent ces ébranlements sonores, et il n'en résulte aucun avantage notable pour une oreille affaiblie.

Il pourrait y avoir, je le confesse, quelque intérêt à connaître d'une façon exacte quel degré d'audition persiste chez ces infirmes, on aurait en cela un élément de classification méthodique de la surdité qui satisferait peut-être les esprits curieux, mais il n'en résulterait certainement aucun avantage pratique pour les sourds-muets. Cette *mesure*, rigoureuse en apparence, ne l'est pas assez en réalité, car l'aptitude à saisir certains ébranlements sonores n'entraîne pas la facilité plus grande à mieux entendre la voix, à mieux comprendre la parole. Il y a dans l'oreille des aptitudes spéciales, nombreuses, singulières ; tel genre de sons impressionne celle-ci et glisse inaperçue sur cette autre. Ce n'est pas seulement une affaire de quantité, mais bien de qualité ; l'acoustique est encore pleine de mystères que Savard avait entrevus, et que sa sagacité eût peut-être expliqués, si la mort n'avait pas frappé cet expérimentateur habile, dont la perte est si regrettable. Mais enfin, dans les maisons de sourds-muets, il n'y a aucun intérêt à savoir d'une manière précise le plus ou moins d'audition que possède chacun d'eux, dès l'instant que cette faculté est affaiblie au point de ne plus servir de moyen de communication régulier, habituel entre celui-ci et les entendants ; il appartient désormais à cette catégorie d'infirmes pour lesquels il faut nécessairement un système d'éducation à part. En thèse générale, il n'y a rien à perdre, pour ceux qui sont ainsi frappés, à vivre dans un milieu comme le nôtre. La mimique, qui est le vrai et spontané langage de ceux qui n'entendent pas la parole, supplée à ce qui leur manque d'ailleurs, donne à leur esprit toutes les connaissances dont ils ont besoin, les rapproche autant que possible des entendants par la multitude d'idées exactes qu'elle leur fournit ; enfin la mimique fait disparaître la plus grande partie des inconvénients qui suivent la perte complète de l'ouïe.

Ainsi, peu nous importe de savoir au juste dans quelle

classe de sourds-muets doivent être placés nos élèves;
M. Blanchet ne s'en inquiète pas plus que nous; l'acoumètre
n'est pas invoqué pour établir des catégories utiles; il nous
suffit de constater que l'enfant n'entend pas la voix, et dès
lors il est soumis à la méthode d'enseignement qui devra
lui donner toute la valeur intellectuelle et morale qu'il est
susceptible d'acquérir. Cela veut-il dire que nous confon-
drons les degrés d'aptitude à parler, que nous négligerons
d'entretenir la parole chez ceux qui l'ont conservée, que nous
condamnerons à un exercice mimique irrévocable ceux des
sourds-muets qui peuvent le mieux lire sur les lèvres et ar-
ticuler des sons? Personne ne pourra croire à une pareille
folie; les maîtres auxquels est confié le soin de faire de nos
sourds-muets des hommes utiles, comprennent toute l'é-
tendue de leur mission; ils donnent à chaque élève la masse
générale des connaissances qui composent le programme de
la maison; ils vont beaucoup plus loin pour ceux qui montrent des dispositions plus grandes; ils fournissent à ces pri-
vilégiés la plus grande somme possible d'instruction. Ceux-
ci deviennent maîtres à leur tour et se montrent zélés à ré-
pandre les lumières dont ils ont recueilli le bénéfice.

On dirait vraiment que ces façons d'agir des professeurs
de l'Institut impérial des souds-muets constituent quelque
étrange anomalie dans le système d'enseignement public.
Mais oublie-t-on ce qui se passe dans tous les lycées, dans
tous les colléges, dans toutes les institutions civiles ou reli-
gieuses? Qui ne sait, en effet, que chaque établissement re-
çoit des enfants doués de facultés variables, d'aptitudes différentes? Et cependant, on les soumet tous sans exception
au même mode d'enseignement; chaque classe compte dix
élèves sur cent placés en première ligne, les neuf dixièmes
marchent comme ils peuvent à la suite des autres, profitent
plus ou moins des leçons données et arrivent ainsi au terme
de leurs études avec des résultats on ne peut plus variés.
Nos sourds-muets sont tout à fait dans le même cas, le plus
grand nombre doit à son infirmité ou à diverses causes une
faiblesse d'intelligence qui les condamne à une instruction

fort restreinte ; quelque moyen qu'on emploie pour développer leur esprit, ils restent invariablement dans cette catégorie d'élèves qui n'atteignent pas la moyenne, tandis que quelques autres, mieux doués, franchissent les degrés de l'échelle, surmontent les difficultés et récompensent largement le professeur des soins pénibles qu'il donne à leur éducation.

Qu'il soit question de mimique ou d'articulation, d'écriture ou de lecture sur les lèvres, que l'on choisisse la méthode allemande à l'exclusion de la française, et *vice versâ*, on trouvera toujours dans la classe des sourds-muets à instruire ces différences fondamentales qui influeront de la même manière sur les résultats obtenus. Les sourds-muets sont absolument comme les entendants , tous n'ont pas de l'intelligence, de l'esprit, du génie; tous ne sont pas écrivains comme Berthier, Alibert , poëtes comme Pélissier; tous ne peuvent pas lire sur les lèvres comme Mlle Guillou, comme M. Dubois fils ; tous n'ont pas une voix flexible, accentuée. Voyez la masse, sachez comprendre le vrai devoir de l'Etat qui est le tuteur-né des pauvres sourds-muets, donnez à cette classe déshéritée les moyens les plus propres à se tirer d'affaire, à vivre honnêtement de son travail, et ne vous inquiétez pas trop de la façon dont chaque sourd-muet communiquera avec les autres hommes. Soyez assurés qu'il ne sera pas embarrassé, et que, dans la proportion de son intelligence, il saura bien se faire comprendre de ceux avec qui il vit.

Je l'ai dit et je le répète, parce que c'est la vérité et que cette vérité domine toute cette question, le sourd-muet ne se croit pas aussi à plaindre que notre philanthropie le suppose ; il nous sait assez peu de gré de la charité que nous voulons lui faire, de ce *compelle intrare* qu'on lui applique à son corps défendant; enfin il met en pratique ce précepte du sage :

Et mihi res, non me rebus submittere conor.

Je me résume : La méthode curative de la surdi-mutité

que M. le docteur Blanchet prétend avoir inventée, et qui consiste uniquement dans l'emploi de la musique comme stimulant de l'ouïe, n'a aucune valeur scientifique.

Les résultats obtenus, après cinq années d'exercices, sont absolument nuls.

Agréez, je vous prie, monsieur le président, l'assurance de mon respect.

P. Menière,
Médecin de l'Institut impérial
des sourds-muets.

Typographie PANCKOUCKE, rue des Poitevins, 8.